Gott,
der Hund
und ich

Will Gmehling | Wiebke Oeser

Gott, der Hund und ich

Peter Hammer Verlag

Ich saß auf der rostigen Schaukel bei uns in der Siedlung. Es regnete.

Da kam Gott in seiner alten Jacke.
Ich wusste sofort, dass er es war.

„Na", sagte Gott. „So allein?"
„Ja."
„Was machst du?"
„Weiß nicht."

Gott hatte eine komische Fellmütze
auf dem Kopf. Seine Augen strahlten.

„Wo sind deine Eltern?", fragte er.
„Arbeiten gegangen."
„Hast du Lust auf einen Spaziergang?"
„Ja."

Also gingen wir los, Gott und ich.
Es war toll, mit ihm durch die Gegend zu ziehen.
Ich zeigte ihm unser Hochhaus und hinter dem Hochhaus die Garagen mit dem Parkplatz und den Mülltonnen am Rand.
Gott sah sich alles an und nickte. An seiner Seite fühlte ich mich gut. Ich hatte vor nichts mehr Angst, auch nicht vor den zwei Typen aus dem Nebenhaus.

Dann nahmen wir den Bus und fuhren in die Stadt. Gott suchte uns einen freien Fensterplatz. Er setzte sich einfach hin, ohne eine Fahrkarte zu kaufen.
„Gott braucht keine Fahrkarte", sagte er.

Zuerst gingen wir in den Park und machten es uns gemütlich. Gott legte sich ins nasse Gras, ich setzte mich auf seinen Bauch und sah mich um.
Gott sah sich auch um. Obwohl er die Augen zu hatte, bekam er alles mit.

„Komm", sagte er nach einer Weile, „jetzt will ich mal sehen, wo deine Mama arbeitet."
Bei Mamas Arbeit war ich schon lange nicht mehr gewesen.
Ich wusste überhaupt nicht mehr, wie es da war.

Mama saß an der Kasse. Sie sah ganz anders aus als zu Hause. Sie hatte einen blauen Kittel an und war nur damit beschäftigt, Waren einzuscannen, sie weiterzuschieben und zu kassieren. Ich konnte sehen, wie sehr sie sich Mühe gab, alles richtig zu machen.
Als eine Frau sich darüber aufregte, dass sie an der Kasse so lange warten musste, blieb Mama ganz ruhig und hatte die Situation voll unter Kontrolle.

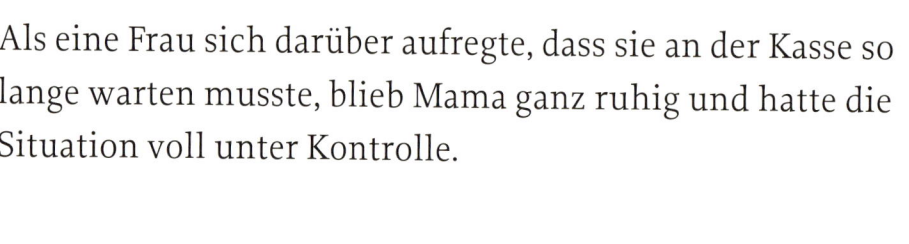
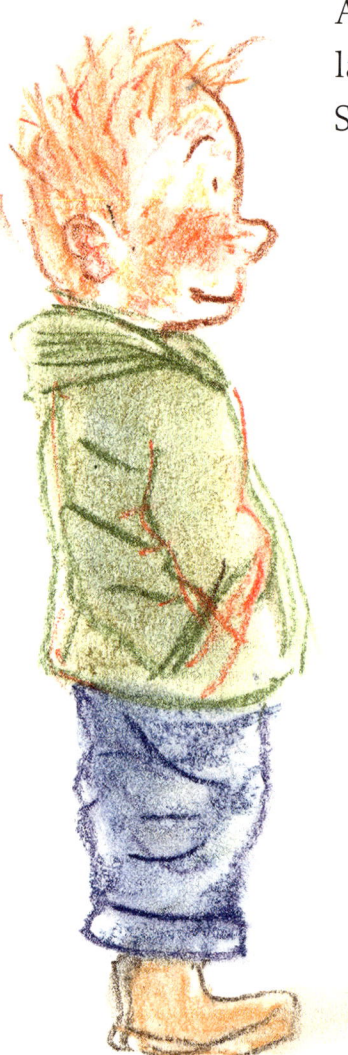

Motiv: Béatrice Rodriguez

Absender:

_____

_____

_____

_____

(bitte deutlich schreiben!)

Peter Hammer Verlag | Telefon 0202/505066 | Fax 0202/509252
E-Mail: info@peter-hammer-verlag.de | www.peter-hammer-verlag.de

Peter Hammer Verlag
Postfach 200963

D – 42209 Wuppertal

Der Peter Hammer Verlag gehört zu den wenigen kleinen, konzernfreien Verlagen. Es ist darum besonders wichtig für uns, dass wir unsere Leser und Leserinnen gut kennen.

Wir freuen uns, wenn Sie Zeit und Lust haben, diese Karte auszufüllen. Als Dankeschön verlosen wir unter den Einsendern monatlich ein Buch aus dem Peter Hammer Programm.

→ **Diese Karte war bei einer Veranstaltung ausgelegt:**
- ☐ Buchmesse
- ☐ Buchvorstellung/Lesung
- ☐ Verlagsvorstellung

→ **Diese Karte habe ich dem Buch** _____

_____ **entnommen.**

→ **Aufmerksam wurde ich auf das Buch**
- ☐ in einer Buchhandlung
- ☐ durch Empfehlung von Freunden
- ☐ durch eine Besprechung in den Medien
- ☐ durch einen Prospekt
- ☐ durch Internet-Recherche

→ **Aus dem Programm des Peter Hammer Verlages interessieren mich besonders die Bereiche:**
- ☐ Bilderbuch
- ☐ Kinder- und Jugendbuch
- ☐ Afrika
- ☐ Lateinamerika
- ☐ Ethnologie
- ☐ Politik/Kultur/Gesellschaft
- ☐ Gestalttherapie

→ **Über aktuelle Informationen zu Neuerscheinungen des Verlages würde ich mich freuen**
- ☐ gerne auch per E-Mail: _____

→ **Wenn Sie mögen, verraten Sie uns mehr über sich!**

Geburtsjahr _____

Beruf _____

Wir behandeln alle Ihre Angaben selbstverständlich vertraulich und nutzen sie ausschließlich für unsere interne Statistik.

Kinderbücher im Peter Hammer Verlag

Motiv: Dorota Wünsch

FÜR KLEINE HÄNDE: PAPPBILDERBÜCHER

Nadia Budde
■ Eins zwei drei Tier

Ein Bilderbuch mit Überraschungsversen für kluge Kinder und alberne Erwachsene.

18 S., Pappe, 16. Aufl. 2016, ab 3
€ 11,90
ISBN 978-3-87294-827-4

▸ Deutscher Jugendliteraturpreis

»Ein Kunstwerk, entsprungen aus vollkommener geistiger Unabhängigkeit und der schieren Lust am Reim.«
TILMAN SPRECKELSEN, FRANKFURTER ALLGEMEINE ZEITUNG

Nadia Budde
■ Flosse, Fell und Federbett

„Kannst du abends gar nicht schlafen und die Sache mit den Schafen funktioniert nicht mehr bei dir … dann probier ein andres Tier!"

24 S., Pappe, 8. Aufl. 2015, ab 3
€ 12,90
ISBN 978-3-7795-0010-0

»Muss man haben!« KÖLNER STADT-ANZEIGER

Susanne Straßer
■ So weit oben

Mmh, lecker, ein Kuchen. Aber herrje, so weit oben! Ein Räuberleiterbuch für kleine Leute.

24 S., Pappe, 4. Aufl. 2016, ab 2
€ 14,90
ISBN 978-3-7795-0498-6

❱ Leipziger Lesekompass

»Staunen, Lachen und
Überraschungen sind garantiert!«
BUCH & MAUS

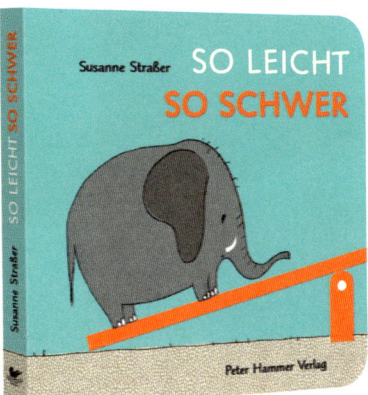

Susanne Straßer
■ So leicht
So schwer

Der Elefant will wippen. Doch er ist so schwer.
Da kommt schon der Pinguin ...
Eine witzige Spielplatzgeschichte!

24 S., Pappe, ab 2
€ 14,90
ISBN 978-3-7795-0538-9

FÜR KLEINE HÄNDE: PAPPBILDERBÜCHER

FÜR KLEINE HÄNDE: PAPPBILDERBÜCHER

Yvonne Hergane (Text)
Christiane Pieper (Illustr.)
■ **Einer mehr!**

Dieses Bilderbuch zaubert viele kleine Jungs herbei, Seite für Seite einen mehr.

24 S., Pappe, 4. Aufl. 2016, ab 2
€ 12,90
ISBN 978-3-7795-0335-4

◗ Nominiert für den Deutschen Jugendliteraturpreis

»So lustig können Zweijährige das Zählen lernen.«
SPIEGEL ONLINE

Yvonne Hergane (Text)
Christiane Pieper (Illustr.)
■ **Die Fünferbande**

Kinder lieben Fingerreime! *Die Fünferbande* ist der erste Fingerreim für zwei kleine Hände. Pfiffig gereimt und lebhaft illustriert.

26 S., Pappe, 2. Aufl. 2015, ab 2
€ 13,90
ISBN 978-3-7795-0514-3

Maria Vohn
■ **Meine grüne Schüssel**

Auf dicken Pappseiten erzählen Bilder und einfache Reime vom Spielen mit einem einzigen Gegenstand: einer grünen Schüssel!

24 Seiten, Pappe, ab 2
€ 11,90
ISBN 978-3-7795-0485-6

Werner Holzwarth (Text)
Wolf Erlbruch (Illustr.)
■ **Vom kleinen Maulwurf,
der wissen wollte, wer ihm auf
den Kopf gemacht hat**

Der Bilderbuchklassiker zu einem Thema, über das Erwachsene nicht gern sprechen, das aber Kinder sehr interessiert …

Originalausgabe
24 S., geb., 45. Aufl. 2015, ab 2, € 13,90
ISBN 978-3-87294-407-8

Pappausgabe
24 S., geb., 27. Aufl. 2015, 22 x 15,5 cm, € 9,90
ISBN 978-3-87294-882-3

Miniausgabe im Postkartenformat
24 S., geb., 36. Aufl. 2015, € 5,–
ISBN 978-3-87294-779-6

Maxi-Pappausgabe
24 S., 49,5 x 35 cm, € 29,90
ISBN 978-3-7795-0503-7

UNSER RENNER

»Jahrelang dasselbe Buch vorzulesen,
muss keine Strafe sein!«
SÜDDEUTSCHE ZEITUNG

Vom kleinen Maulwurf, der wissen wollte,
wer ihm auf den Kopf gemacht hat
■ **Meine Kindergartenfreunde**

Zwischen den lustigen Bildern vom kleinen Maulwurf und Hans-Heinerich ist viel Platz für alle Kindergartenfreunde, die sich hier verewigen wollen: mit ihren Bildern, guten Wünschen und Lieblingsspeisen.

64 S., wattiert, 19 x 20,5 cm, € 9,95
ISBN 978-3-7795-0533-4

ZIEMLICH VERRÜCKT

Nadia Budde
- **Und außerdem sind Borsten schön**

„Unser Nachbar Thilo Schramm hat zu viele Kilogramm". Alle wären gern ein bisschen schöner! Nur Onkel Parzival, dem ist sein Äußeres egal.

32 S., geb., 4. Aufl. 2015, ab 3 und für alle
€ 14,90
ISBN 978-3-7795-0433-7

»**Der Idealfall eines Kinderbuchs!**«
DER STANDARD

Nadia Budde
- **Und irgendwo gibt es den Zoo**

Die Übergänge zwischen Mensch und Tier sind manchmal fließend. Nadia Budde hat einen ganz besonderen Blick für derlei Mensch-Tier-Übergänge und ihre helle Freude an ihnen!

32 S., geb., ab 3 und für alle
€ 14,90
ISBN 978-3-7795-0470-2

Nadia Budde
- **Auf keinen Fall will ich ins All**

Alle zieht es in die Ferne. Die wilde Tante Anne will in die Savanne, Onkel Hans-Marcel nach Alaska ins Hotel und Monalies träumt von Paris. Doch am Ende wartet ein grandioses Vergnügen gleich um die Ecke!

32 S., geb., ab 3 und für alle
€ 14,90
ISBN 978-3-7795-0484-9

Nadia Budde
■ Vor meiner Tür auf einer Matte

Nicht mehr Herr im eigenen Haus ist Nadia Buddes Held, denn er hat einen Dauergast: die Ratte. Täglich steht sie auf der Matte, riesig und gutgelaunt. Und erst einmal im Haus macht sie sich breit, drängelt sich vor, lärmt und nervt. Als unserem Held der Kragen platzt, bleibt sie aus. Da macht er sich auf die Suche. Ein lustiges Bilderbuch über lästige Mitbewohner, die einem lieb und teuer werden. Toll gereimt, trefflich illustriert!

32 S., geb., ab 3 und für alle, 22 x 25 cm
€ 14,90
ISBN 978-3-7795-0539-6

Nadia Budde
■ Unheimliche Begegnungen auf Quittenquart

Auf dem Planeten Quittenquart leben solche und solche. Grüne mit spitzen Ohren zum Beispiel. Aber auch sehr Behaarte. Welche mit vielen Augen. Unsere Quittenquart-Helden sind drei von den Grünen und sehr abenteuerlustig. Sie wollen sehen, was passiert, wenn sie den Langhaarigen und den Vieläugigen begegnen!

32 S., geb., ab 4
€ 13,90
ISBN 978-3-7795-0294-4

FANTASTISCH

»Ein fröhliches Trostbuch für alle Sorgenumwölkten.« DIE ZEIT

Wolf Erlbruch
■ Frau Meier, die Amsel

Frau Meier, immer besorgt um alles und jeden, findet eines Morgens eine kleine hilflose Amsel. Als sie ihr schließlich das Fliegen beibringt, wächst sie über sich selbst hinaus …

32 S., geb., 9. Aufl. 2014, ab 5, € 14,90
ISBN 978-3-87294-644-7

Geschenkausgabe im Midi-Format
32 S., geb., 5. Aufl. 2013, 18 x 15,5 cm, € 8,90
ISBN 978-3-7795-0062-9

❯ Nominiert für den Deutschen Jugendliteraturpreis

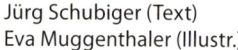

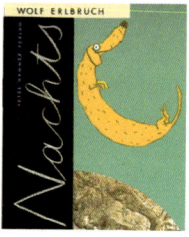

»Das schönste aller Nachtbücher.«
SÜDDEUTSCHE ZEITUNG

Jürg Schubiger (Text)
Eva Muggenthaler (Illustr.)
■ Der weiße und der schwarze Bär

Jürg Schubiger erzählt mit wunderbar leiser Stimme, wie die Nacht zutraulich wird, wenn ein Bär im Zimmer ist. Fantastisch illustriert von Eva Muggenthaler.

32 S., geb., 2. Aufl. 2008, ab 4, € 14,90
ISBN 978-3-7795-0078-0

❯ LUCHS der Jury von ZEIT und Radio Bremen
❯ Nominiert für den Deutschen Jugendliteraturpreis

Wolf Erlbruch
■ Nachts

Wolf Erlbruch zeigt in erstaunlichen Bildern, was Kinderaugen im Dunkeln entdecken.

26 S., geb., 8. Aufl. 2013, ab 4, € 9,90
ISBN 978-3-87294-834-2

❯ Nominiert für den Deutschen Jugendliteraturpreis
❯ LUCHS und LUCHS des Jahres, der Jury von ZEIT und Radio Bremen

»Ein Bilderbuch zwischen
Behutsamkeit und
archetypischer Kraft.«
NEUE ZÜRCHER ZEITUNG

FANTASTISCH

Jürg Schubiger (Text)
Aljoscha Blau (Illustr.)
■ **Das Kind im Mond**

„Der Mann im Mond hat eine Frau, die Frau im Mond. Zusammen haben sie ein Kind, das Kind im Mond. Dieses Kind hat seine Eltern eines Tages auf dem Mond zurückgelassen und ist zur Erde gereist. Wie es dazu kam, das sollt Ihr hören." Eine poetische Geschichte mit traumhaften Bildern!

24 S., geb., ab 5
€ 15,90
ISBN 978-3-7795-0434-4

❱ Rattenfänger-
Literaturpreis 2014

Charlie Sutcliffe
■ **Zubert**
*Aus dem Englischen von
Susanne Koppe*

Wilde Tiere bevölkern das Savoy Hotel! Zubert und seine Freunde müssen sie verstecken, bevor die Hotel-Inspektoren kommen. Charmant illustriert, mit unzähligen versteckten Details als Extra-Vergnügen!

32 Seiten, geb., ab 5
€ 16,90
ISBN 978-3-7795-0500-6

❱ »Die besten 7«
Deutschlandfunk

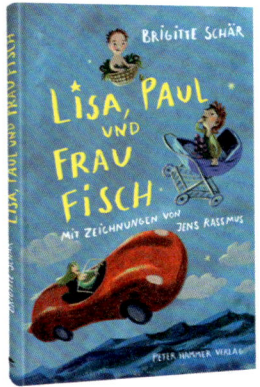

Brigitte Schär
■ **Lisa, Paul und Frau Fisch**
*Mit Illustrationen
von Jens Rassmus* **NEU**

Lisa ist ein Einzelkind und hat es schön mit ihrer Mama und ihrem Papa. Plötzlich aber erlebt sie höchst seltsame Dinge und ihre Mama erwartet doch noch ein Kind. Die Merkwürdigkeiten beginnen damit, dass Lisas Lehrerin, Frau Fisch, eine geheimnisvolle Doppelgängerin hat. Mit ihr erlebt Lisa ganz Unglaubliches!

80 Seiten, geb., ab 8
ca. € 13,90
ISBN 978-3-7795-0541-9

GUTE FREUNDE

Stefanie Schütz
■ **Der kleine Löwe und der kleine Clown**
Ein Vorlesebuch
Mit Illustrationen von Béatrice Rodriguez

Den kleinen Löwen und den kleinen Clown schließt man vom Fleck weg ins Herz! Acht kurze Geschichten erzählen von ihren Abenteuern und einer Freundschaft mit viel Zartgefühl.

64 S., ab 4
€ 12,90
ISBN 978-3-7795-0530-3

Werner Holzwarth (Text)
Barbara Nascimbeni (Illustr.)
■ **Kleiner Riese, großer Zwerg**

Ein Bilderbuch über das Anderssein, mit Spaß erzählt vom Autor des „kleinen Maulwurfs".

24 S., geb., 25 x 33 cm, ab 4
€ 14,90
ISBN 978-3-7795-0354-5

◗ Leipziger Lesekompass

Christiane Pieper
■ **Kreuz und quer Josefine und der Bär**

Josefine und der dicke Bär ziehen durch die Welt, gut gelaunt und ohne Ziel! Zum Schauen und Mitmachen schon für die Kleinsten.

24 S., geb., 3. Aufl. 2015, ab 2
€ 13,90
ISBN 978-3-87294-794-9

»**Jedes Bild eine Anstiftung zur Bewegung!**« DIE ZEIT

GUTE FREUNDE

Will Gmehling (Text)
Tobias Krejtschi (Illustr.)
■ **Kleopatra**

Die Hyäne Kleopatra hat eigentlich alles, was sie braucht, in ihrem Haus am Rand der großen Mülldeponie. Dennoch wächst in ihr die Sehnsucht nach einem wilden Land, das sie nie gesehen hat. Ein anrührendes, fantastisch illustriertes Bilderbuch über Freundschaft und Sehnsucht.

32 S., geb., ab 4
€ 15,90
ISBN 978-3-7795-0529-7

Viola Rohner
■ **Hier ist Minna!**
Mit Illustrationen von Dorota Wünsch

 NEU

Minna hat ein bewegtes Leben mit ihrem coolen Bruder, der nur gefährliche Sachen mag, dem gestressten Papa, der schon mal ohne Socken aus dem Haus geht, und mit Tarzan, der wild in Mamas Bauch herumturnt. Gut gelaunt erzählt Minna von den aufregenden Tagen zwischen Kindergartenabschied und Einschulung.

64 Seiten, geb., zum Vorlesen ab 5, zum Selberlesen ab 7
ca. € 12,90
ISBN 978-3-7795-0542-6

Harriet Grundmann (Text)
Tobias Krejtschi (Illustr.)
■ **Das fünfte Schaf**

Lina liegt im Bett und zählt Schäfchen. Das fünfte Schaf hat spitze Ohren und ein Wollkäppchen auf dem Kopf. Hier versteckt sich doch wer im Schafspelz!

24 S., geb., 2. Aufl. 2010, ab 4
€ 13,90
ISBN 978-3-7795-0201-2

MUT UND SELBSTVERTRAUEN

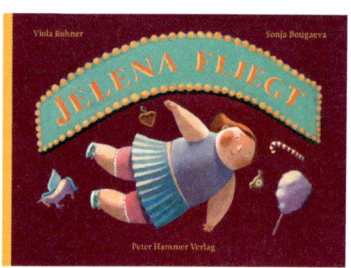

Viola Rohner (Text)
Sonja Bougaeva (Illustr.)
■ **Jelena fliegt**

Jelena, das Mädchen vom Jahrmarkt, ist zu groß und zu dick. Sie passt nicht in die enge Schießbude ihrer Mutter und auch die Schulbänke sind viel zu klein für sie. Wie Jelena eines Tages trotzdem ganz leicht und froh wird, erzählt diese Geschichte.

24 S., geb., ab 5
€ 14,90
ISBN 978-3-7795-0512-9

»Ein Abenteuer fürs Auge.«
KINDERBUCH-COUCH.DE

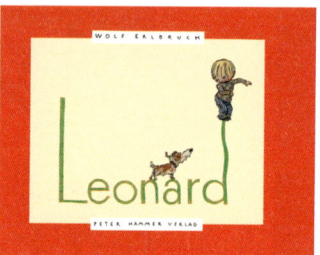

Wolf Erlbruch
■ **Leonard**

Ein Bilderbuch über die Angst vor Hunden.

32 S., geb., 6. Aufl. 2009, ab 4
€ 13,90
ISBN 978-3-87294-467-2

▸ Nominiert für den
  Deutschen Jugendliteraturpreis

Viola Rohner (Text)
Dorota Wünsch (Illustr.)
■ **Das Wild im Marmeladenglas**

Neuerdings wartet auf dem Weg zum Kindergarten ein Wild auf Kira! Es sitzt im Baum, hat scharfe Zähne und ist füchterlich. Wie Kira es fertigbringt, das Wild in seine Schranken zu weisen, erzählt diese Geschichte sensibel und humorvoll.

24 S., ab 4
€ 14,90
ISBN 978-3-7795-0479-5

MUT UND SELBSTVERTRAUEN

Karin Koch
■ **Wär' ich Pirat**
*Mit Illustrationen von
André Rösler*

Piraten fluchen laut, essen rote Feuerbohnen und schreiben nie Diktate! Die Geschichte von einem Jungen, der zwischen Schule und den ewigen Terminen am Nachmittag nur einen Wunsch hat: endlich mal frei sein und wild wie ein Pirat!

48 S., geb., ab 8
€ 9,90
ISBN 978-3-7795-0372-9

❯ Kinderbuchpreis NRW

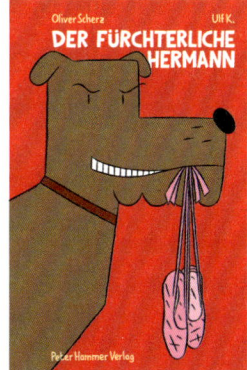

Oliver Scherz (Text)
Ulf K. (Illustr.)
■ **Der fürchterliche Hermann**

Hermann ist ein grimmiger Wachhund und verbellt jeden, der sich in seine Nähe wagt. Doch dann kommt Stig auf seinem Fahrrad. Er will wissen, was los ist und erfährt, dass Hermann längst nicht so fürchterlich ist, wie er immer tut.

24 S., geb., ab 3
€ 14,90
ISBN 978-3-7795-0417-7

Karin Koch
■ **Tilda und der Duft der Welt**
*Mit Illustrationen von
Iris Wolfermann*

Seit der Vater nicht mehr bei ihnen wohnt, dürfen Tilda und ihr kleiner Bruder Hans ihn nur noch manchmal besuchen. Sensibel und aus Kindersicht erzählt dieses Buch von einer zerrissenen Familie und der Sehnsucht nach beiden Elternteilen. Feine Illustrationen begleiten die hoffnungsvolle Geschichte.

48 S., geb. zum Vorlesen ab 6, zum Selberlesen ab 8
€ 9,90
ISBN 978-3-7795-0516-7

MUT UND SELBSTVERTRAUEN

Katharina Morello (Text)
Christiane Pieper (Illustr.)
■ Der Prinz im Gurkenglas

Eine Geschichte über Väter und Söhne, munter erzählt und mit Witz illustriert.

24 S., geb., 24 x 28 cm, ab 5
€ 15,90
ISBN 978-3-7795-0495-5

Wolf Erlbruch
■ Die fürchterlichen Fünf

Die fürchterlichen Fünf treffen sich im Schatten der alten Brücke. Doch was sie zusammentreibt, sind keine finsteren Pläne: Sie sind untröstlich, weil niemand sie mag. Doch das wollen sie jetzt ändern.

32 S., geb., 11. Aufl. 2014, ab 4
€ 13,90
ISBN 978-3-87294-434-4

Jutta Langreuter (Text)
Dorina Tessmann (Illustr.)
■ Sofie geht los!

Die kleine Sofie geht los, ganz alleine. Sie weiß, wohin sie will und sie kennt den Weg. Schon bald begegnet sie einem Bären mit großen Zähnen und anderen Widersachern, doch Sofie trickst sie alle aus!

24 S., geb., ab 4
€ 14,90
ISBN 978-3-7795-0531-0

»Wir lieben dieses Buch.«

Jürg Schubiger (Text)
Rotraut Susanne Berner (Illustr.)
■ Als der Tod zu uns kam

Wie mit dem Tod nicht nur das Leid in die Welt kommt, sondern auch Mitleid, Zuwendung und Trost, das zeigen der feingesponnene Text und die Bilder der Künstler auf geniale und berührende Weise.

32 S., geb., ab 5 und für alle, 25 x 21,5 cm
€ 13,90
ISBN 978-3-7795-0312-5

▶ Prämiert von der Stiftung Buchkunst im Wettbewerb »Die schönsten deutschen Bücher 2012«
▶ »Die besten 7« Deutschlandfunk

Wolf Erlbruch
■ Die große Frage

Warum bin ich auf der Welt? Wolf Erlbruch findet viele, die eine Antwort wissen.

52 S., geb., Format 17,5 x 30 cm,
12. Aufl. 2014, ab 3 und für jedes Alter,
€ 14,90
ISBN 978-3-87294-948-6

Sonderausgabe
52 S., geb., 10,5 x 18 cm, 10. Aufl. 2015,
€ 7,90
ISBN 978-3-7795-0151-0

▶ LUCHS der Jury von ZEIT und Radio Bremen

GROSSE FRAGEN

ANFÄNGE

Wolf Erlbruch
■ **Das Bärenwunder**

Der Bär will Vater werden – aber wie? Auf Nachfrage bekommt er viele Antworten.

32 S., geb., 11. Aufl. 2011, ab 4, € 13,90
ISBN 978-3-87294-493-1

Miniausgabe im Postkartenformat
32 S., geb., 5. Aufl. 2013, € 5,–
ISBN 978-3-87294-826-7

◗ Deutscher Jugendliteraturpreis

Gioconda Belli (Text) | Wolf Erlbruch (Illustr.)
■ **Die Werkstatt der Schmetterlinge**

Rodolfo, der Enkel des Erfinders des Regenbogens hat einen Traum: Er möchte ein Wesen schaffen, so schön wie eine Blume, so leicht wie ein kleiner Vogel. Endlich hat er eine Idee.

Großformat 25 x 35 cm, 42 S., geb., Halbleinen, 10. Aufll. 2015, ab 5, € 22,–
ISBN 978-3-87294-607-2

◗ LUCHS der Jury von ZEIT und Radio Bremen

Sonderausgabe
Format 17 x 23,5 cm, 14. Aufl. 2015, € 11,–
ISBN 978-3-87294-867-0

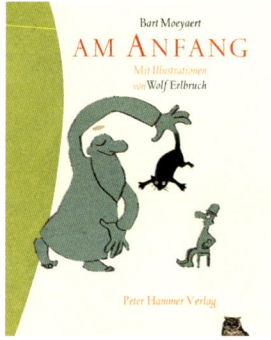

Bart Moeyaert (Text) | Wolf Erlbruch (Illustr.)
■ **Am Anfang**
Aus dem Flämischen von Mirjam Pressler

Mit philosophischer Tiefe und erheiternder Leichtigkeit haben die Künstler ein Meisterwerk über die Schöpfung geschaffen.

32 S., geb., 25 x 30 cm, ab 6, € 16,90
ISBN 98-3-87294-938-7

◗ LUCHS der Jury von ZEIT und Radio Bremen

»Ein Olymp der Buchkunst.« FAZ

ANFÄNGE

Viola Rohner (Text)
Dorota Wünsch (Illustr.)
■ **Wie Großvater schwimmen lernte**

Das kleine Mädchen und der Großvater unternehmen vieles zusammen, und jedesmal sagt der Großvater: Vielleicht ist dies das letzte Mal. Eines Tages aber will das Mädchen etwas unternehmen, das für den Großvater das allererste Mal ist: schwimmen gehen! Ein Bilderbuch über Junge und Alte und das gemeinsame Glück.

24 S., geb., 2. Aufl. 2012, ab 4, € 13,90
ISBN 978-3-7795-0353-8

▸ Evangelischer Buchpreis, Empfehlungsliste

Tobias Krejtschi
■ **Wie der Kiwi seine Flügel verlor**

Die uralte Maori-Geschichte vom Kiwi, der seine Flügel und die Freiheit verliert, aber die Liebe eines ganzen Volkes gewinnt, erzählt Tobias Krejtschi neu und gibt ihr märchenhaft schöne Bilder!

24 S., geb., ab 4, € 14,90
ISBN 978-3-7795-0301-9

Rudyard Kipling (Text)
Ulrike Möltgen (Illustr.)
■ **Die Entstehung der Gürteltiere**

Rudyard Kiplings Geschichte gehört zu den großen Schätzen der Kinderliteratur. Ulrike Möltgen hat sie fantastisch in Szene gesetzt!

32 S., geb., 31 x 27,5 cm, ab 5, € 19,90
ISBN 978-3-7795-0483-2

»**Ein beglückender Tanz der Farben.**«
NEUE ZÜRICHER ZEITUNG

SPRACHSPIELEREI

Arne Rautenberg
- **Montag ist Mützenfalschrumtag**

Gedichte
Illustrationen von Jens Rassmus

40 erfrischend unpädagogische Gedichte, die keinen Deut darum geben, was rein darf in ein Gedicht und was nicht. Peinliches und Anständiges, Sinniges und Unsinniges: alles ist erlaubt – wenn es originell ist. Mit den einfallsreichen Illustrationen von Jens Rassmus reimt sich alles zu einem liebenswürdigen Buch zusammen, das der ganzen Familie gefällt.

48 S., geb., ab 5
€ 13,90
ISBN 978-3-7795-0497-9

▶ The White Ravens 2014

Jürg Schubiger (Text)
Isabel Pin (Illustr.)
- **Zebra, Zecke, Zauberwort**

Ein ABC-Buch

Jürg Schubiger findet Verse von A-Z, von denen keiner wie der andere funktioniert, die lustig sind und listig. Isabel Pins Illustrationen spinnen die Worte weiter und machen ihre eigenen Späße.

32 S., geb., Halbleinen, ab 4
€ 15,90
ISBN 978-3-7795-0226-5

Jürg Schubiger (Text)
Wiebke Oeser (Illustr.)
- **Der Wind hat Geburtstag**

Ein kleines Buch voller Gedichte über das Meer und den Wind, übers Allein- und Traurigsein, Gedichte von Liebe, Glück und Übermut. Mit lichten Illustrationen von Wiebke Oeser.

48 S., geb., Halbleinen,
ab 5 und für alle
€ 12,90
ISBN 978-3-7795-0282-1

▶ LUCHS der Jury von Zeit und Radio Bremen

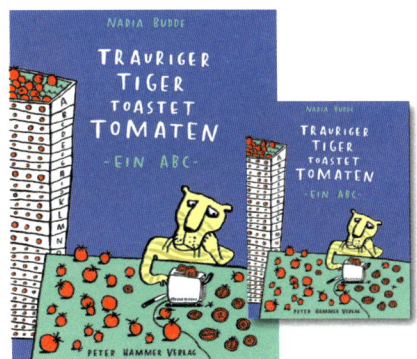

SPRACHSPIELEREI

Jürg Schubiger (Text)
Wolf Erlbruch (Illustr.)
■ Schon wieder was!

Was ist denn das? So fragt der Neugierige von früh bis spät, damit er klüger wird. Eine Fee, eine Spitzmaus, ein Warzenschwein, ein Puppenfresserbiest. So antwortet ohne Zögern einer, der schon mehr gesehen hat von der Welt. Jürg Schubiger reimt Fragen und Antworten zusammen, fein und verschmitzt. Wolf Erlbruch zeichnet mit sichtlichem Vergnügen, was zum Fragen Anlass gibt.

32 S., geb., ab 4 und für alle
€ 16,90
ISBN 978-3-7795-0486-3

◗ »Die besten 7« Deutschlandfunk

Nadia Budde
■ Trauriger Tiger toastet Tomaten
Ein ABC

Hier bleibt kein Zweifel, dass man mit dem ABC viel mehr anstellen kann, als mühsam das Buchstabieren einsamer kleiner Wörter zu üben. Von Anfang an geht es mit einem Feuerwerk von tollen Einfällen ans Werk!

48 S., geb., 10. Aufl. 2016,
ab 5 und für alle, € 15,–
ISBN 978-3-87294-849-6

Und jetzt auch für die Schultüte!
Sonderausgabe im kleineren Format
11 x 17 cm, 48 S., geb., 9. Aufl. 2016,
€ 7,50
ISBN 978-3-7795-0071-1

◗ Troisdorfer Bilderbuchpreis
◗ Luchs der Jury von ZEIT und Radio Bremen

GESCHICHTEN OHNE WORTE

Béatrice Rodriguez
■ Der Hühnerdieb

Der Fuchs, der gemeine Dieb, verliebt sich auf der Flucht in sein Opfer. Eine Liebesgeschichte ganz gegen die Natur und ohne Worte.

24 S., geb., 9. Aufl. 2015, ab 3
€ 9,90
ISBN 978-3-7795-0202-9

Béatrice Rodriguez
■ Das Zauberei

Das Huhn ist in den Fuchs verliebt, der Hahn ist sehr gekränkt. Doch nur so lange, bis er ein merkwürdiges Ei entdeckt. Was aber birgt das Ei?

24 S., geb., 2. Aufl. 2013, ab 3
€ 9,90
ISBN 978-3-7795-0355-2

> »Erzählen ohne Worte kann richtig spannend sein!«
> CHRISTINE LÖTSCHER, TAGES-ANZEIGER

Béatrice Rodriguez
■ Das Hühnerglück

Fuchs und Huhn sind auf dem Weg ins Familienglück. Oder trügt der Schein? Ist der Fuchs vielleicht doch ein Schuft?

24 S., geb., 2. Aufl. 2015, ab 3
€ 9,90
ISBN 978-3-7795-0386-6

GESCHICHTEN OHNE WORTE

Ronan Badel
■ Der fette Fang

Das Netz ist ausgeworfen, der Fischer ruht in der Sonne. Sein kleiner Hund steht stolz am Bug. Plötzlich ist etwas Großes ins Netz gegangen, es zieht den Fischer aus dem Boot und ins Wasser! Der Hund späht und heult und weint in die Wellen. Wie dennoch alles gut und sogar ganz wunderbar wird, erzählt das kleine Buch ohne ein einziges Wort.

24 S., geb., ab 4
€ 9,90
ISBN 978-3-7795-0478-8

Ronan Badel
■ Der faule Freund

So faul ist das Faultier, dass es sich nicht mal rührt, als der Baum gefällt wird! Mitsamt dem tropischen Holz wird es abtransportiert. Ein Abenteuer ganz ohne Worte. Zum Erzählen, Entdecken und zum Lachen.

24 S., geb., ab 3
€ 9,90
ISBN 978-3-7795-0515-0

Andrea Hensgen (Idee)
Béatrice Rodriguez (Illustr.)
■ Der große Hund

Ein kleiner Junge geht seinen Schulweg jeden Morgen mit bangem Herzen. Eines Tages aber wartet jemand am Schultor, dessen Freundlichkeit unerschütterlich ist: ein großer schlappohriger Kerl, der ihm nicht mehr von der Seite weicht. Ganz ohne Worte erzählt diese warmherzige Geschichte von Freundschaft und vom Großwerden.

24 S., geb., 2. Aufl. 2016, ab 4
€ 11,90
ISBN 978-3-7795-0313-2

BEGEGNUNG DER KULTUREN

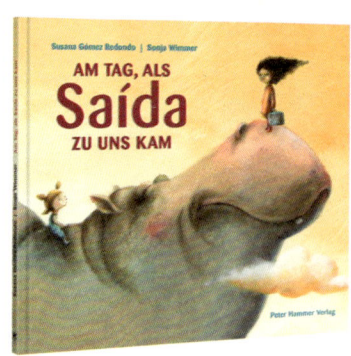

Susana Gómez Redondo (Text)
Sonja Wimmer (Illustr.)
■ Am Tag, als Saída zu uns kam

Als Saída ankam, hatte sie keine Wörter. Das Mädchen, das ihre Freundin sein wollte, begann nach Saídas Wörtern zu forschen. Sie suchte unter Tischen, in Manteltaschen und Heften. Ein poetisches Bilderbuch über die Begegnung zweier Kinder aus verschiedenen Kulturen und über das Glück, die Wörter und Farben einer fremden Welt zu entdecken.

32 Seiten, geb., ab 5, ca. € 15,90
ISBN 978-3-7795-0540-2

Hermann Schulz (Text),
Tobias Krejtschi (Illustr.)
■ Die schlaue Mama Sambona

Zu Mama Sambona, der afrikanischen Königin, kommt eines Tages der Tod und möchte sie holen. Die kluge Alte aber macht ihm einen Strich durch die Rechnung! Eine hinreißende Parabel auf die Lebensfreude.

24 S., geb., 5. Aufl. 2013, ab 4, € 13,90
ISBN 978-3-7795-0149-7

▸ Nominiert für den Deutschen Jugendliteraturpreis
▸ Troisdorfer Bilderbuchpreis

»Berührend, leicht und tiefgehend zugleich.«
1000 UND 1 BUCH

Nasrin Siege (Text)
Barbara Nascimbeni (Illustr.)
■ Wenn der Löwe brüllt

Wenn Emanuel und Bilali aufwachen, ist kein Tisch gedeckt; wenn sie Hunger haben, müssen sie sich etwas suchen. Sonst tun die beiden, was alle Kinder tun: Sie spielen in der Sonne und denken sich aus, wie es wird, wenn sie groß sind und Busfahrer oder Präsident. Ein Bilderbuch über Straßenkinder – ehrlich, poetisch und voller Licht.

32 S., geb., 2. Aufl. 2012, ab 5, € 15,90
ISBN 978-3-7795-0273-9

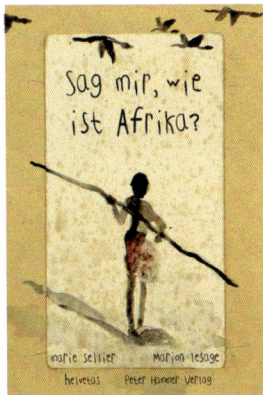

Marie Sellier (Text)
Marion Lesage (Illustr.)
■ **Sag mir, wie ist Afrika**
*Aus dem Französischen von
Otto Honke*
Mit Malereien und Fotos

Die Fragen des kleinen Chaka an seinen Großvater wollen nicht enden und mit ihm hören wir auf ungewöhnlich poetische Weise von Afrika und seinen Menschen.

40 S., geb., 5. Aufl. 2010
€ 22,90
ISBN 978-3-97294-914-1

Karin Bruder
■ **Haifische kommen nicht an Land**
Roman für Kinder ab 10

Joaquín lebt auf Ometepe, einer Insel im Nicaraguasee. Er ist zwölf und ziemlich pfiffig, aber in der Schule war er nie. Dann lernt Joaquín das deutsche Mädchen Rosa kennen und durch ihre Freundschaft ändert sich vieles in seinem Leben!

208 S., geb.
€ 12,90
ISBN 978-3-7795-0513-6
auch als E-Book

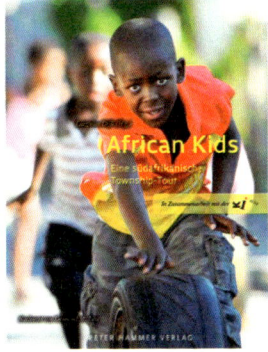

Lutz van Dijk (Hg.)
■ **African Kids**
*Eine südafrikanische
Township Tour*
*In Zusammenarbeit mit der
KIBUM Oldenburg*

Der 10jährige Sive aus dem Kinderhaus HOKISA in der südafrikanischen Township Masi führt die Leser zwischen den Hütten aus Holz und Blech herum und macht sie mit seinen Freunden und ihren Geschichten bekannt.

Mit ca.100 Fotos, 104 S., geb., 3. Aufl. 2014
€ 22,–
ISBN 978-3-7795-0423-8

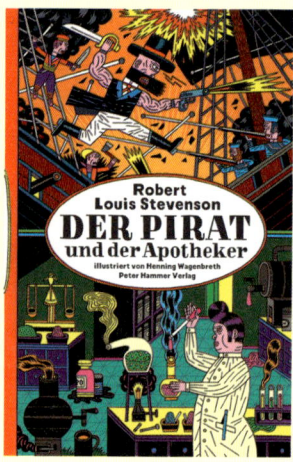

Robert Louis Stevenson (Text)
Henning Wagenbreth (Illustr.)

■ **Der Pirat und der Apotheker**
Eine lehrreiche Geschichte

Eine Ballade vom Autor der „Schatzinsel" – entdeckt, übersetzt und überwältigend illustriert von Henning Wagenbreth.

Das Buch erzählt von zwei Freunden: Ben und Robin. Robin wird Pirat und kämpft auf allen Weltmeeren, Ben wird Apotheker, lebt bequem und kommt auf hinterhältige Weise zu Reichtum. Als sie sich nach vielen Jahren treffen und die Ausbeute ihres Lebens vergleichen, kommt es zum gewaltigen Showdown!

40 S., geb., 24 x 36 cm, 2. Aufl. 2013, € 26,–
ISBN 978-3-7795-0419-1

▶ Nominiert für den Deutschen Jugendliteraturpreis
▶ Hotlist der besten Bücher aus unabhängigen Verlagen 2012

Postfach 200963 • D-42209 Wuppertal
www.peter-hammer-verlag.de

Gott beobachtete alles ganz genau.
Dann hatte er Lust auf ein Eis und ging zur Kühltruhe. Er holte zwei Magnum raus und stellte sich damit an die Kasse.
Als er an der Reihe war, blickte Mama zu ihm auf, obwohl sie sonst keine Zeit hatte, sich die Leute genauer anzuschauen.

Gott sah sie an, nur sie. Und Mama lächelte. Mann, wie sie lächelte!

„Ich hab kein Geld", sagte Gott.
„Ist das ein Problem?"
„Überhaupt nicht", antwortete Mama. „Sind Sie fremd in der Stadt?"
„Ja", sagte Gott. „Nein."
„Wo kommen Sie denn her?"
„Ach, das ist so eine Geschichte", sagte Gott.

Mama hätte sich gerne weiter mit ihm unterhalten, aber jetzt wurden auch die anderen Leute wütend, weil die Schlange hinter Gott immer länger wurde.

Also verabschiedete er sich von Mama: Er legte ihr die Hände auf den Kopf – und ich schwöre, für einen Moment fing Mama an zu leuchten, in tausend Farben.

Wir aßen unser Eis und zogen dann weiter durch die Gegend. Es hatte aufgehört zu regnen, die Sonne kam durch.

Wir sahen ein Liebespaar, das sich küsste. Und einen Mann, der in Mülleimern nach leeren Flaschen wühlte.
Vögel schossen durch die Luft.
Ein Wolkengebirge schob sich vor die Sonne.

„Und jetzt gucken wir uns an, wo dein Papa arbeitet", sagte Gott.
Mist, da hatte ich ein Problem.
„Gehen wir?", fragte er.
„Nee", sagte ich. „Ich hab dir das vorhin nicht erzählt. Papa arbeitet gar nicht. Papa ist arbeitslos."

„Na und?", sagte Gott.

Wir fanden Papa im Stadion, wo er sich am Vormittag immer mit seinen Freunden trifft, um beim Training zuzuschauen.
Papas Lieblingsclub verliert andauernd. Fünfte Liga. Trotzdem hat Papa seinen Fan-Schal um, wenn er am Spielfeldrand steht. Er kennt jeden Spieler persönlich. Auch Karl, den Trainer.

Ich setzte mich auf die kleine Tribüne, Gott stellte sich zu Papa und zeigte auf die Spieler. „Ziemlich schlapp, die Jungs", sagte er. „Kein Mumm in den Knochen. Und Direktpass sollten sie auch noch üben."
„Stimmt genau", sagte Papa. „Sind Sie Spezialist?"
„Ja", sagte Gott. „Nein." Er zog ein Holzkästchen aus der Jackentasche. „Zigarre, die Herren?"

Paffend standen sie da, Gott, Papa und seine Freunde. Sie unterhielten sich über Abseitsfallen, Freistoßtricks und Schiedsrichter.

Auch über das sonstige Leben redeten sie.

Die Männer erzählten Gott, was los war.
Von ihren Sorgen und wovor sie Angst hatten.
Zum Beispiel das mit der Arbeit.

„Alle denken, du bist faul und hängst
nur so rum", sagte Papa.
„Du kommst dir schlecht vor",
sagten seine Freunde.
Sie erklärten Gott, was sie
meinten.

Gott sah sie an, nur sie. Nichts
anderes zählte in diesem
Moment. Er war nur für sie da.
Ich werde nie vergessen,
wie er sie ansah. Und wie
gut es ihnen danach ging.
Sogar auf dem Platz
konnten sie das spüren.

„Jetzt muss ich aber nach Hause", sagte Papa. „Mein Junge hat
bestimmt schon Hunger. Ich mach uns Frikadellen mit Kartoffelpüree
und Sommergemüse. Und danach gibt es Apfelmus mit Vanillesauce!"
Er drückte seine Zigarre aus und verabschiedete sich von allen.
Auch von Gott.

„Gleich kriegst du Mittagessen", sagte Gott später, als wir wieder im Bus saßen.
„Mit Nachtisch!"
Ich nickte. Alles war richtig.
Gott reckte sich zufrieden. Er beobachtete eine Frau, die uns gegenübersaß. Sie hatte ein tolles gelbes Kleid an und summte ihrem Baby was vor. Wahrscheinlich kannte Gott die Melodie – er summte mit und wiegte sich dabei im Takt.

Und dann sahen wir, als wir ausstiegen, den grauen Hund. Er stand angeleint an einem Laternenpfahl. Wir merkten sofort, dass es ihm elend ging. Sein Fell war total verfilzt, und er sah hungrig aus.

Gott beugte sich zu ihm hinab, und da begann der Hund, gefährlich zu knurren. Gott sah ihm fest in die Augen und knurrte zurück.
Der Hund fletschte die Zähne – und Gott tat das auch.

Endlich wurde der Hund ruhiger, und Gott band ihn los.
Er nahm ihm auch das Halsband ab.
Der Hund bellte und sprang an ihm hoch.
Jeder konnte sehen, wie froh er war.

Als wir in der Siedlung ankamen, setzte sich Gott auf
die Schaukel. Der Hund und ich sahen ihm dabei zu. Gott
schaukelte wie ein Verrückter, bis ganz nach oben.
Dabei lachte er und wedelte mit den Armen.

Dann war es Zeit, Mittag zu essen.
Und Zeit, auf Wiedersehen zu sagen.

„Wohin gehst du jetzt?", fragte ich.
Gott zuckte mit den Achseln. „Mal sehen. Vielleicht nach
Feuerland. Vielleicht aber auch nur um die Ecke."
„Na dann, bis später", sagte ich.
„Sicher", sagte Gott und schlug mir freundlich auf die Schulter.

Er holte ein Sandwich aus der Tasche und
betrachtete es von allen Seiten.
„Was ist da drauf?", fragte ich.
„Erdnussbutter. Mit Tomaten, Speck und Zwiebeln."
„Göttlich", sagte ich.
Er lachte.

Dann gingen sie los, Gott und der Hund.

Sie verschwanden hinter den Büschen und sahen aus wie alle, die immer unterwegs sind.

Will Gmehling, geboren 1957, war lange Zeit Maler. Sein erstes Kinderbuch erschien 1998. *Der Yeti in Berlin* (Verlag Sauerländer, 2001) wurde in viele Sprachen übersetzt. Im Peter Hammer Verlag erschien sein Bilderbuch *Kleopatra* mit Bildern von Tobias Krejtschi. Will Gmehling hat zwei Kinder und lebt in Bremen. www.willgmehling.de

Wiebke Oeser, 1967 geboren, studierte Grafik in Hannover, Kassel und Madrid. Ihr erstes Bilderbuch *Bertas Boote* (Peter Hammer Verlag, 1997) erhielt u.a. den Oldenburger Kinder- und Jugendbuchpreis, den Troisdorfer Bilderbuchpreis, eine Bronzemedaille in der Auswahl „Die schönsten Bücher aus aller Welt" und wurde für den Deutschen Jugendliteraturpreis nominiert. Wiebke Oeser illustrierte viele weitere Bilder- und Kinderbücher, zuletzt *Der Wind hat Geburtstag* mit Gedichten von Jürg Schubiger. Sie lebt mit ihrer Familie in Berlin.

Für Neil Young

©Will Gmehling (Text)
©Wiebke Oeser (Illustrationen)
©Peter Hammer Verlag GmbH, Wuppertal 2016
Alle Rechte ausdrücklich vorbehalten
Lektorat: Silvia Bartholl
Satz: Graphium press, Wuppertal
Druck: TBB, a.s.
ISBN 978-3-7795-0557-0
www.peter-hammer-verlag.de